Uwe Klindworth

Bäume

37 Bäume,
vor denen man bei uns stehen kann

ISENSEE VERLAG
OLDENBURG

Inhalt

Bäume

... kennt jeder! Es stehen ja überall welche herum. Und was es alles für verschiedene Sorten gibt! Die unterschiedlichsten Wuchsformen, Stämme, Rinden und Blätter kann man da sehen. Und unter vielen Bäumen liegen interessante und merkwürdige Dinge am Boden. Bäume sind Lebensraum vieler Tiere, die dort Nahrung und Unterschlupf finden, Nester und Höhlen bauen und ihren Nachwuchs aufziehen.

In diesem Buch werden 37 Bäume vorgestellt, vor denen man bei uns stehen kann. Es gibt natürlich noch viele andere Bäume, die nicht aufgeführt sind, aber die häufigsten und interessantesten findet Ihr in diesem Buch.

Schaut genau hin und findet heraus, was das für ein herrlicher Baum ist!

Bibliografische Information der Deutschen Bibliothek

Die Deutsche Bibliothek verzeichnet diese Publikation in der Deutschen Nationalbibliografie; detaillierte bibliografische Daten sind im Internet über <http://dnb.d-nb.de> abrufbar.

ISBN 978-3-7308-1942-5

Laubbäume

wachsen bei uns eigentlich überall, außer dort, wo es zu trocken, zu kalt oder insgesamt zu rauh für sie ist. Viele Arten, wie zum Beispiel die Eiche, die Buche und die Linde, sind bei uns heimisch. Andere wie die Platane, die Robinie und die Esskastanie haben die Menschen aus fremden Ländern mitgebracht, manche schon vor sehr langer Zeit. Teils, um die Früchte zu ernten, teils des guten Holzes wegen. Manche aber auch, weil sie als Garten-, Park- und Alleebaum schön aussehen.

Laubbäume haben flache Blätter, die sich im Herbst gelb, rot und braun verfärben und dann abfallen. Jedes Jahr im Frühling wachsen neue heran. Es gibt aber eine Ausnahme:

Die Stechpalme behält ihre Blätter über den Winter und ist das ganze Jahr grün.

Die Eiche

Die Roteiche

Die Buche

Die Hainbuche

Die Linde

Blüten
Früchte
Blätter
trockener
Fruchtstand
Fruchtnüsschen

Der Ahorn

Die Birke

Blüten
weiblich
männlich
Fruchtstand
Blätter
geflügelte Samen

Die Erle

männlich
weiblich
alter
Fruchtstand
Blüten
reife Kätzchen
Samen
Blätter

Die Weide

männlich
weiblich
Blüten
reifer
Fruchtstand
Blätter
behaarte Samen

Die Pappel

männlich
Blüten
weiblich
reifer
Fruchtstand
Blätter
behaarte Samen

Die Ulme

Die Platane

männlich
Blüten
weiblich
Früchte
Blätter
reife
gefiederte
Samen

Die Esche

Blüten
männlich
zwittrig
Frucht-
stand
Blätter
geflügelte
Samen

Die Robinie

Die Stechpalme/ Der Ilex

Die Eberesche/ Vogelbeere

Die Kastanie

Die Edelkastanie/ Esskastanie

Die Walnuss

Blüten
weiblich
männlich
reife
Früchte
Samen
„Walnüsse"
Blätter

Der Apfel

Die Birne

Die Quitte

Die Kirsche

Die Pflaume/ Zwetsche/Zwetschge

Der Pfirsich

Die Aprikose

Was fiel von welchem Laubbaum?

1 Kastanie

2 Eiche

3 Linde

4 Weide

5 Platane

6 Robinie

7 Esskastanie

8 Hainbuche

9 Buche

10 Erle

11 Ahorn

12 Esche

13 Ulme

14 Stechpalme

15 Walnuss

16 Birke

Lösung: 1 G, 2 M, 3 H, 4 P, 5 A, 6 I, 7 B, 8 K, 9 E, 10 F, 11 N, 12 O, 13 J, 14 C, 15 D, 16 L

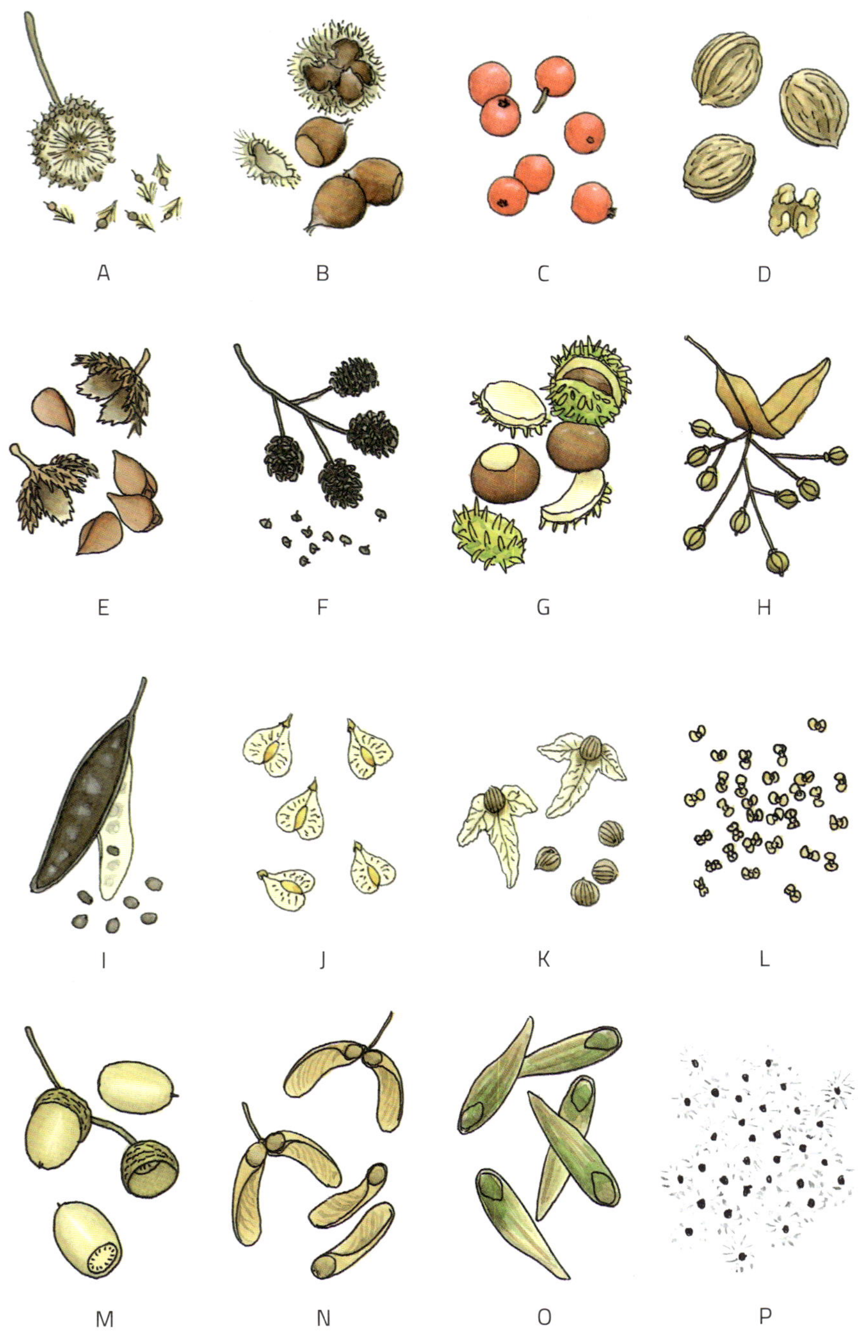
A
B
C
D
E
F
G
H
I
J
K
L
M
N
O
P

Nadelbäume

wachsen natürlicherweise dort, wo das Klima für Laubbäume im Winter zu kalt ist. Mittlerweile haben die Menschen Nadelbäume überall angepflanzt. Größtenteils sind das heimische Arten wie die Fichte, die Tanne und die Kiefer. Aber auch solche, die er aus weit entfernten Gegenden mitgebracht hat wie die Douglasie, die Weymouth-Kiefer und der Mammut-Baum gedeihen bei uns prächtig. Nadelbäume wachsen im allgemeinen etwas schneller als Laubbäume und liefern unter anderem gutes Bauholz.

Nadelbäume heißen Nadelbäume, weil sie statt Blättern Nadeln haben, die sie im Winter nicht abwerfen.
Aber auch bei den Nadelbäumen gibt es eine Ausnahme:

Die Lärche verliert in jedem Herbst ihre Nadeln und bildet im Frühjahr neu.

Die Kiefer/ Föhre

Die Weymouth-Kiefer/ Strobe

Die Fichte

weiblich
Blüten
männlich
Nadeln
Zapfen
reif
Zapfen einjährig
geflügelte Samen

Die Weißtanne

Die Lärche

Blüten
weiblich
männlich
Zapfen
einjährig
Zapfen
reif
Winter
Sommer
Nadeln
geflügelte Samen

Die Douglasie

Die Zeder

Blüten
männlich
weiblich
Zapfen
reif
Zapfen
einjährig
geflügelte
Samen
Nadeln
Schuppen

Der Mammutbaum

Die Eibe

Vorsicht!
Die meisten Teile der Eibe sind giftig!

Der Wacholder

Was wuchs auf welchem Nadelbaum?

1 Fichte

2 Wachholder

3 Mammut-Baum

4 Kiefer

5 Douglasie

6 Lärche

7 Weymouth-Kiefer

8 Eibe

Lösung: 1 C, 2 E, 3 G, 4 F, 5 D, 6 H, 7 A, 8 B

Der Ginkgo-Baum

ist ein ganz besonderer Baum. Er hat Blätter wie ein Laubbaum, ist aber näher verwandt mit den Nadelbäumen. Der Ginkgo-Baum ist der letzte Vertreter einer uralten Baumart, weder Laub- noch Nadelbaum.